Agustín Cabré Rufatt, cmf

Uma palavra tua pode salvar-me

**EDITORA
AVE-MARIA**

© 2015 by Editorial Claretiana (Argentina)
ISBN: 9787-950-512-883-9
© 2016 by Editora Ave-Maria. All rights reserved.
Rua Martim Francisco, 636 – 01226-000 – São Paulo, SP – Brasil
Tel.: (11) 3823-1060
Televendas: 0800 7730 456
editorial@avemaria.com.br • comercial@avemaria.com.br
www.avemaria.com.br
ISBN: 978-85-276-1591-4
Título original: Una palavra tuya
Tradução: Isaias Silva Pinto
Capa: Agência GBA

Dados Internacionais de Catalogação na Publicação (CIP)
Angélica Ilacqua CRB-8/7057

Rufatt, Agustín Cabré
  Uma palavra tua pode salvar-me / Agustín Cabré Rufatt ; tradução de Isaias Silva Pinto. -- São Paulo : Editora Ave-Maria, 2016.
  48 p.

  ISBN: 978-85-276-1591-4
  Título original: Una palavra tuya

  1. Palavra de Deus (Teologia cristã) 2. Eucaristia 3. Meditações diárias 4. Orações I. Título II. Pinto, Isaias Silva

16-0585   CDD 242.2

Índices para catálogo sistemático:
1. Palavra de Deus - Meditações

Diretor Geral: Marcos Antônio Mendes, CMF
Diretor Editorial: Luís Erlin Gomes Gordo, CMF
Gerente Editorial: Valdeci Toledo
Editor Assistente: Isaias Silva Pinto
Revisão: Lígia Terezinha Pezzuto
Projeto Gráfico e Diagramação: Ponto Inicial Estúdio Gráfico
Impressão e Acabamento: Gráfica Ave-Maria

A Editora Ave-Maria faz parte do Grupo de Editores Claretianos (Claret Publishing Group).
Bangalore • Barcelona • Buenos Aires • Chennai • Colombo • Dar es Salaam • Lagos • Macau • Madri • Manila • Owerri • São Paulo • Varsóvia • Yaoundé.

SUMÁRIO

I. A palavra 7

II. Tua Palavra 15

Não temas; doravante serás pescador de homens 17

Crês no Filho do Homem? 18

Eis aí tua mãe 19

Lázaro, vem para fora! 20

Eu quero; sê purificado! 22

Dai-lhes vós mesmos de comer 22

Por que este medo? 23

Não julgueis 24

Não só de pão vive o homem 25

Não tentarás o Senhor, teu Deus 26

Adorarás o Senhor, teu Deus 26

Felizes os que reconhecem sua necessidade espiritual, porque deles é o Reino dos Céus. 27

Bem-aventurados os que têm um coração de pobre, porque deles é o Reino dos Céus! 27

Bem-aventurados os mansos, porque possuirão a terra! 28

Colhem-se, porventura, uvas dos espinhos e figos dos abrolhos? 28

Não ajunteis para vós tesouros na terra 29

A quem bate, se abrirá 30

Aquele, pois, que ouve estas minhas palavras e as põe em prática é semelhante a um homem prudente, que edificou sua casa sobre a rocha. 32

Nem todo aquele que me diz: Senhor, Senhor, entrará no Reino dos Céus ... 34

Tudo o que quereis que os homens vos façam, fazei-o vós a eles. 35

Toda árvore boa dá bons frutos 35

Perdoados te são os pecados 36

Ninguém põe vinho novo em odres velhos 37

Estende tua mão! 38

O sábado foi feito para o homem, e não o homem para o sábado 39

Quem dizem os homens que eu sou? . 40

De que faláveis pelo caminho? 41

Meu Deus, meu Deus, por que me abandonaste? 42

Faze-te ao largo, e lançai as vossas redes para pescar 44

Não são os homens de boa saúde que necessitam de médico, mas sim os enfermos. 45

Ide dizer aos meus irmãos que se dirijam à Galileia, pois é lá que eles me verão 46

Este povo honra-me com os lábios, mas o seu coração está longe de mim. 46

Eu sou o Bom-Pastor 47

I. A PALAVRA

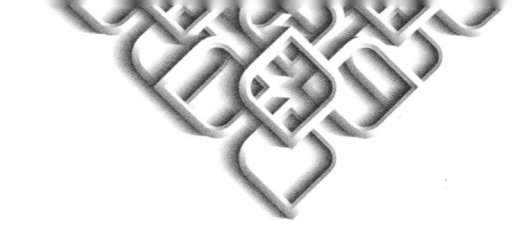

Entre os diversos códigos inventados pelo ser humano para se comunicar, está a palavra. O fato de ter outorgado um significado aos ruídos emitidos mediante a combinação de garganta, língua, lábios e os conceitos elaborados pela mente foi um triunfo colossal que diferencia a humanidade de qualquer outra criatura. Ao dominar a palavra, o ser humano pode dominar o mundo. É uma das consequências de ser imagem e semelhança de Deus.

Deus é a palavra criadora libertadora e santificadora: *No princípio existia a Palavra, e a Palavra era Deus* (cf. João 1,1); *a Palavra se fez carne e habitou entre nós* (cf. João 1,14); *vocês já estão limpos pela palavra que vos anunciei* (cf. João 15,3).

Pelo fato da palavra estar convidada a se converter em ação, e as ações em vida, o ser humano deve ser construtor da história, libertador das algemas e santificador da vida. É o que se ensina no catecismo quando se diz que o ser humano é rei, profeta e sacerdote.

Na sociedade humana, a palavra tem um valor único e intransferível. É o meio pelo qual uma pessoa se expressa e se compromete. A palavra humana tem, portanto, uma efetividade permanente em determinadas ocasiões, ou seja, anuncia e realiza algo ao mesmo tempo. Quando uma junta de professores diz que determinado aluno foi aprovado, não somente expressa uma ideia, como também a converte em realidade. Assim também é a linguagem sacramental.

I. A palvra

Entre tantas palavras ditas nas relações de convivência, os cristãos que celebram a Santa Ceia do Senhor repetem uma e outra vez quando se aproximam da mesa sagrada para compartilhar o pão eucarístico: *uma palavra tua bastará para salvar-me.*

Seriam estas palavras meramente uma *performance*?

Estão expressadas em forma de afirmação. Mas para alguns poderia ser de forma interrogativa: uma palavra tua, Senhor, bastaria para me curar – ou salvar? São os que duvidam, os incrédulos, os que não creem na Palavra de Deus, que das pedras podem fazer nascer filhos de Abraão.

Para outros, essas palavras poderiam estar finalizadas com exclamação: Senhor, uma palavra tua bastaria para me salvar! São os que se entregam felizes nas mãos de Deus; os que se regozijam com uma boa notícia; os que creem; os que confiam no poder de Deus e em suas habilidades.

Mas certamente para alguns não passa de uma fórmula, uma rotina, uma frase dita sem o peso da mensagem que carrega. Repetem-na como um papagaio adestrado que aprendeu o Pai-Nosso. Há tantas palavras e tão pouca oração!

No entanto, como frisamos, a palavra possui força própria. Em todos os povos da terra, se reconhece o valor da palavra. Para a civilização herdeira de Abraão, a palavra é a fonte poderosa da vida, é a palavra criadora: *Disse Deus: que exista a luz. E a luz existiu.* Não há frase mais contundente em toda a literatura universal.

Para a cultura cristã, a Palavra divina habitou entre os povos e foi também palavra humana. É a palavra libertadora.

E antes haviam chegado os filósofos e tomaram a palavra para desmembrá-la.

I. A palvra

Puseram-na sobre a lupa da sabedoria, e a estudaram, explicaram, cortaram, distribuíram, puseram-na em pequenos frascos com formol para que se conservassem seus atributos, escreveram-na, reescreveram, e depois quiseram modificá-la.

Mas ela sempre escapava. Estava no pensamento e no coração das pessoas, e século após século, a palavra foi morrendo e ressuscitando, até chegar aos dias de hoje.

Os guaranis[1] agradecem a Nhamandu por haver dito a primeira palavra que foi se encarnando em cada ser humano que entrava na velha corrente da vida. O ser humano, ao nascer, é uma palavra que se põe de pé, e se eleva ao longo dos anos até chegar à plena estatura.

Por isso, é importante ter em conta o grande valor da palavra; quando alguém se aproxima do altar para compartilhar a

---

1 O termo guarani refere-se a uma das mais representativas etnias indígenas das Américas.

comunhão, deve-se ouvir antes a Palavra de Deus, e deixar que ela toque o coração. Somente assim será fonte de vida.

II. TUA PALAVRA

*Não temas; doravante serás
pescador de homens*
(Lucas 5,10)

Faz tempo, Senhor, que venho trilhando o caminho em que outros passaram primeiro. Às vezes vou tão distante, que os da frente parecem somente sombras. Eu tenho medo de seguir essas sombras. Então apareces tu, e me dizes que eu o siga, afirmando: *Eu sou a luz do mundo; o que me segue não andará nas trevas.*

Crês no Filho do Homem?
(João 9,35)

Tantas vezes se apresentou às pessoas como Filho do Homem. Este é o título que o profeta Daniel deu àquele que haveria de vir da parte de Deus para libertar nossas algemas. Mas também, com essa frase (*Filho do Homem*), demonstra que és verdadeiramente nosso irmão; filho da humanidade, irmão de nossas lutas. Com isso nos fortaleces, Senhor. Em meu coração e na oração da Igreja, te elevamos ao Céu, quando na verdade o que tu realmente queres é fazer tua morada entre nós. São tantas as orações que nos falam do que está por vir! Quando o mais importante é vivermos nossa realidade hoje, aqui, neste espaço vital que nos foi dado para sermos filhos de Deus e irmãos de todos; para construir a humanidade.

II. Tua palvra

Creio, Senhor, que tu és o *Filho do Homem*. Por isso estás em nossas lidas, ajudando-nos a combater e a derrotar tudo aquilo que nos diminui, envelhece, apaga e destrói na convivência humana. Por isso estás em toda causa que reivindica a dignidade do ser humano. Por ser *Filho do Homem,* tu estás junto a mim. E eu, onde estou?

Eis aí tua mãe
(João 19,27)

És o melhor presente que nos fizeste, Senhor. Ele nos fazia falta. Sem uma mãe, teu grupo de discípulos não podia conhecer a ternura nem se sentir confortado quando toda aquela violência lhe golpeou o coração. Somente uma mãe sabe, somente ela compreende, somente ela consola e anima. Ela te carregou junto ao coração e te trouxe ao mundo; agora tu nos levas a ela e nos entregas ao seu carinho. Assim podemos ser família. Sem ela ficaríamos em grupo, em regimento, em sociedade, em confraria, em agremiação...

O coração do povo decifra os caminhos que nos aproximam de Maria. Por isso a chamamos com tantos nomes de caminhos que existem na terra: Aparecida, Guadalupe, Montserrat, Andacollo, Lourdes, Copacabana, Itatí, Caacupé, Valle de Catamarca... E ela se deixa querer, e segue repetindo ao ouvido dos filhos seu canto de alegria. Porque Deus levanta os humilhados, e despede os ricos de mãos vazias.

Lázaro, vem para fora!
(João 11,43)

Não é um convite. Não é uma indicação. É uma ordem. Sair para fora é deixar a escuridão das obras das trevas e permitir que a luz nasça no coração. É deixar as ataduras que não nos permitem ser livres. É superar a visão míope daquele que enxerga somente o que pode tocar, para ampliar o olhar frente a novos horizontes que ajudam a respirar melhor. Sair para fora é abandonar as estruturas caducas que fazem da fé um armário de crenças para guardar; fazem da esperança uma rotina que nos mantém na mesmice; fazem da caridade uma utopia que, ao tocar no corpo ferido do próximo, se mostra incapaz de curar, cuidar, acariciar, acompanhar. Sair para fora é superar o templo como lugar da presença de Deus, para encontrá-lo nas esquinas das ruas e casas das pessoas.

> *Eu quero; sê purificado!*
> (Lucas 5,13)

Não basta, Senhor, que querias tu. Devo querer também. E aí surge a dificuldade de toda conversão. O chamado é tu que fazes. A decisão deve ser minha. Somente assim poderei superar todas as impurezas que nos sufocam a existência nesse grande caminho da vida.

> *Dai-lhes vós mesmos de comer*
> (Marcos 6,37)

Com esta frase, Senhor, nos colocas no terreno que devemos pisar, no caminho que devemos caminhar. Com tanta facilidade nos elevamos em nossas buscas espirituais, que abandonamos na terra, onde tanta gente padece necessidades primárias, como a de poder se alimentar. Em um mundo regido pela lei do mais forte, daqueles que possuem dinheiro e armas, onde há abundância na mesa dos grandes e nem sequer migalhas para a boca dos famintos; os que levamos teu nome somos mal vistos. O louvor não pode estar, segundo tua palavra, acima da solidariedade.

Por que este medo?
(Mateus 8,26)

Porque tivemos golpes duros na vida, e não queremos nos aventurar mais. Porque há toda uma indústria da propaganda que propaga o mantra: "o mundo é e sempre será ruim"; um *slogan* que convida a temer as bofetadas dos que têm mais forças, mais poder, dos que são mais audaciosos. Assim eles podem exercer o domínio; é mais fácil reprimir aqueles que se sentem mais assustados. E assim estamos entre dois projetos para viver: o que aterroriza, que provém daqueles que tomaram "posse" do mundo, e o que liberta dos medos e que nos devolve a segurança para exercer o protagonismo que devemos exercer. Cada um de nós – não as empresas, a indústria, os *shoppings*, o grande comércio – fomos feitos à imagem e semelhança de Deus. Quando cada ser humano responde à pergunta de Cristo, o medo começará a afugentar aqueles que agora nos dominam.

Não julgueis
(Mateus 7,1)

Somos tão suscetíveis a julgar os demais! Não sabemos de suas raízes, nem de seus traumas, nem de suas histórias pessoais, tampouco de suas oportunidades ao longo da vida. Mas os julgamos. Não sabemos de suas intenções, nem de suas prisões, nem de seus problemas anteriores ou atuais. Mas os julgamos. Senhor, tu nos pedes algo quase impossível, porque tendemos com muita naturalidade utilizar a lupa de nossa visão, de nossos preconceitos ou de nossa fantasia em todas as situações humanas. Mas não queremos que nos olhem da mesma maneira. Obrigado por nos fazer enxergar isso!

Não só de pão vive o homem
(Mateus 4,4)

Escuto o que tu dizes, e acredito que o pão nos mata a fome; mas também precisamos nos defender da ignorância, das violências, das incertezas, dos espinhos...

O mundo poderá viver de maneira plena quando os marginalizados da mesa criam suas possibilidades e não desperdiçam as oportunidades. O mundo poderá viver quando semeia o trigo e também a esperança.

Não tentarás o Senhor, teu Deus
(Mateus 4,7)

Nós te colocamos à prova quando nos tentamos a fechar as mãos. Quando nós deixamos todo o trabalho para ti, esquecendo-nos de nossas mãos. Quando esperamos os frutos sem termos nos dado a tarefa de plantar, semear e cuidar de tudo o que nasce.

Adorarás o Senhor, teu Deus
(Mateus 4,10)

Entre tantos deuses que exigem fidelidade, tu nos dizes que és o único digno de adoração. Assim como se "adora" as mães na família. Assim como "adoram" os corações apaixonados. Inspira-nos com sabedoria para nos afastarmos da idolatria e do falso culto que se reduz a incenso e ouro, mas que nos deixa vazios e inertes.

II. Tua palvra

Felizes os que reconhecem sua necessidade espiritual, porque deles é o Reino dos Céus
(Mateus 5,3)

Não sei ainda, na minha idade, qual é minha verdadeira necessidade espiritual. Isso é o que me mantém longe do Reino de Deus. Isso é o que não me deixa viver a experiência da promessa. Peço, então, tua luz. E eu o farei entrar nas profundezas da minha existência, para descobrir o que me fará bem-aventurado segundo tua promessa.

Bem-aventurados os que têm um coração de pobre, porque deles é o Reino dos Céus!
(Mateus 5,4)

A tristeza é um estado que algumas vezes nos deprime, e outras ainda nos deixa uma marca de amargura que não podemos disfarçar com falsos sorrisos. Esta é a que devemos superar. O chamado é para ultrapassar limites do peso que nos sobrecarrega a alma. Isso se consegue somente com a segurança de se sentir amado.

> *Bem-aventurados os mansos, porque possuirão a terra!*
> (Mateus 5,5)

Entre tantas disputas, parece que a humildade é uma ingenuidade neste mundo. No entanto, tudo é graça. Por isso a ingenuidade das crianças é mais tida como um desatino.

> *Colhem-se, porventura, uvas dos espinhos e figos dos abrolhos?*
> (Mateus 7,16)

É bom que nos relembre isso que é tão óbvio. Porque andamos indecisos em nossas escolhas. Em muitas ocasiões, esperamos da vida aquilo que ela não nos pode dar. Iludimo-nos com reflexos. Buscamos, em meio ao emaranhado de nossas histórias, respostas muitas vezes equivocadas, como nos poemas de amor: "Sonhei que a neve queimava...". Senhor, possibilita-me encontrar o equilíbrio para ir armando minha vida e a vida do mundo com as ferramentas apropriadas, mas não me tires as que estão inspiradas em sonhos.

> *Não ajunteis para vós*
> *tesouros na terra*
> (Mateus 6,19)

É bem-vinda essa advertência, Senhor. Ela me faz perguntar quais coisas considero minhas riquezas. É bem verdade que tu me deste tudo; no entanto, o que devo acumular, para expressar continuamente, é a gratidão. Vejo que a verdadeira riqueza é o amor; este sentimento humano que nos faz poderosos e vulneráveis, porque se fundamenta na generosidade. E, justamente, o amor não se pode acumular! Ele foge ao nosso coração para chegar às pessoas, às outras coisas, a outros rincões, sempre mais, além da própria pessoa, para fazer florescer a vida.

Quais riquezas, então, posso acumular? Precisamente as que não servem, ainda que nos deem alguns momentos de prazer ou nos assegurem um tempo contra os nossos medos. A fama se dissolve, o dinheiro se corrompe, o poder termina, a soberba se dilui. O que nos resta? Somente tua bondade, Senhor, tua paz e tua ternura.

A quem bate, se abrirá
(Mateus 7,8)

Surgem demasiadas portas ao longo da vida. E andamos batendo em cada uma delas sem nos preocupar em bater na única que nos será aberta. São portas grandes, solenes, que muitas vezes nem sequer são abertas ao nosso chamado, e outras vezes se fecham com violência ante nosso rosto ansioso de respostas. Também há portas amigas que nos permitem passar e nos oferecem um espaço para descansar da caminhada. Mas a única porta necessária é uma pequena porta, da qual Miguel de Unamuno se viu perplexo e cantou a seguinte oração:

> *Abre a porta, Pai*
> *porque não posso passar;*
> *a fizeste para os pequenos,*
> *eu cresci, mas que pesar.*
> *Se não me abrires a porta*
> *me torne uma criança,*
> *faz-me voltar à idade bendita*
> *em que viver é sonhar.*

> *Aquele, pois, que ouve estas minhas palavras e as põe em prática é semelhante a um homem prudente, que edificou sua casa sobre a rocha.*
> (Mateus 7,24)

Construir a própria casa é uma das boas tarefas da vida. Dizem que estamos de passagem nesta vida, mas isso não é verdade: esta é a nossa casa, aqui se constrói nossa história, aqui nascem e crescem nossos sonhos, ideais e utopias, que alimentam toda a nossa esperança. O que tem de morrer é somente a desembocadura final até o imenso mar da vida; lá chegam nossos rios para se fundirem no abraço de Deus.

Por isso, porque devemos viver aqui e agora, temos a obrigação de construir nossa casa. Mas, ao fazê-lo, tu nos chamas a olhar nos fundamentos que devemos fixar.

A mesma vida nos ensina que as grandes virtudes humanas e sociais são bens materiais: a amizade, a audácia, a compreensão, a fortaleza, a flexibilidade, a generosidade, a humildade, o sentido da justiça, o trabalho, a lealdade, o otimismo, a perseverança, a responsabilidade, a simplicidade, a sobriedade, a alegria de viver...

Se a tudo isso se agrega a fé, a esperança e a caridade, ou seja, acreditar que não estamos sozinhos nesta construção, que confiamos plenamente em sua realização e que sentimos nossas mãos unidas às dos outros para fazer a tarefa, a edificação terá bons fundamentos.

Tudo além disso poderá ser enfeite e figurar como moldura. Mas a importância está naquilo que não se vê tão facilmente: aquilo que sustenta a vida está na base de toda construção.

> *Nem todo aquele que me diz: Senhor,*
> *Senhor, entrará no Reino dos Céus*
> (Mateus 7,21)

É o que estou fazendo neste exato momento, Senhor. Coloco teu nome em meus lábios, e procuro ter o coração próximo ao teu para que contagie suas batidas. Tantas orações aprendidas desde pequeno, e tão pouca oração verdadeira, aquela que nos faz sair de nós mesmos para descobri-lo nos laços deste mundo.

Se a frase "Senhor, Senhor" não nos impulsiona a dizer "irmão, irmão", "justiça, justiça", "liberdade, liberdade", "solidariedade, solidariedade", será apenas o ruído de um sino estridente ou um sussurro intimista que adormece, mas não uma oração; e o reinado de Deus vai se distanciar do nosso alcance.

II. Tua palvra

Tudo o que quereis que os homens vos façam, fazei-o vós a eles.
(Mateus 7,12)

Esta é a norma suprema da vivência humana. Esta é a regra que, se a incorporarmos em nossa vida e à vida da sociedade, vai nos tornar respeitosos, dignos, alegres, solidários, proativos e justos. Se somente seguíssemos os ensinamentos de Jesus e deixássemos de lado tantas letras miúdas que apenas nos entorpecem, ou tantas leis que tendem a querer impor valores através de normas que tropeçam em mosquitos e engolem camelos, nosso mundo seria mais feliz.

Toda árvore boa dá bons frutos
(Mateus 7,17)

Em outra parte de tua mensagem, nos disseste que se conhece uma árvore por seus frutos. Agora voltas a repetir este axioma que me põe frente a frente à minha própria realidade. Tornei-me seco, não posso frutificar. Tudo não passou de pura floração, poderei ser reconhecido, mas não entreguei frutos. Se sou uma árvore doente, terei frutos mirrados e sem sabor. Se aproveitei a seiva que vem de tua mão, o sol que ilumina e aquece minhas folhagens, a água que rega as raízes, os sais que alimentam o tronco, então poderei dar bons frutos. Ou seja, devo entregar tudo o que recebi como presente. Por isso os frutos são sempre gratuitos: o amor, a paciência, a audácia, a humildade, a fortaleza, a capacidade de perdoar... Há mil frutos bons que procedem de árvores boas.

Perdoados te são os pecados
(Marcos 2,5)

Escutamos tua palavra e cremos nela. Nós que viemos com a carga de nossas misérias chegamos a ti para ouvir a voz que consola, limpa e devolve a paz ao coração. Obrigado, Senhor, por entender que nosso barro quebradiço pode ser convertido em vaso novo. Inquebrável? Talvez não. Mas na vitrine em que guardas tuas bondades sempre há uma de reposição com que nos presenteias, porque somente tu és bom. Obrigado, Senhor!

> *Ninguém põe vinho novo*
> *em odres velhos*
> (Marcos, 2,22)

Isso é o que nos aconteceu tantas vezes. Quisemos colocar vinho novo de uma sociedade melhor, em que impera a justiça e a solidariedade, sobre as leis antiquadas e velhas que favorecem o individualismo e a ganância. Quisemos pôr o vinho novo de nossos bons desejos nos moldes velhos da rotina, da inércia e da falta de compromisso. Primeiro temos que mudar as vasilhas em que está nosso ser: o querer e o dever. Então recebemos o vinho novo que alegra o coração.

Estende tua mão!
(Marcos 3,5)

O homem doente estendeu a mão, e o poder de Deus lhe devolveu o movimento dos dedos, e sua coordenação motora do braço se reestabeleceu. Talvez seja isso que me faz falta: estender as mãos, para, assim, me curar de minhas dores. Faz-me falta estender as mãos, para recobrar o dinamismo vital que havia se perdido; estendê-las aos que sofrem mais que eu mesmo, aos que necessitam de um abraço, aos que buscam um consolo, aos que pedem uma ajuda. Tantas vezes ficamos semiparalíticos em nossa vida cristã, por não termos estendido as mãos.

O sábado foi feito para o homem, e não o homem para o sábado
(Marcos 2,27)

No dia sagrado de repouso, estava proibido curar aqueles que estavam enfermos. Era um trabalho de médicos, e a lei proibia todos os trabalhos. Agora não é assim. No entanto, estamos afogados em normas e legislações que nos impedem de caminhar como pessoas livres. Tem de haver estatutos sociais para a convivência humana, mas deveriam ser mínimos. Mas não são. Aos dez mandamentos, agregamos outros milhares de conceitos que se tornaram diretrizes de condutas do cristão. Frases como "está proibido", "não pode", "é pecado" abundam o linguajar religioso. Então vem Cristo e nos diz que antes de qualquer lei vem a caridade, o amor; que acima de qualquer regra está a compaixão. E reduz todas as virtudes a um só mandamento: amar a Deus e ao próximo como a si mesmo.

Quem dizem os homens que eu sou?
(Marcos 8,27)

À tua pergunta, Senhor, o apóstolo Pedro responde atinadamente. Os cristãos não sei bem o que responderiam. Para alguns és apenas um amuleto pendurado no pescoço, atado a uma correntinha de ouro; para outros, um patrocinador de sua condição religiosa: se é cristão pelo simples fato de se ter um certificado de Batismo. Outros dizem que és um profeta, ou um revolucionário, um guru espiritual, ou um personagem histórico, ou um tranquilizador de consciências, ou um enviado de Deus disfarçado de homem. Todas essas são respostas equivocadas.

Mas és também, para muitos, a presença humana de Deus que se fez nosso companheiro de caminhada; alguém, uma pessoa, que caminha conosco trazendo sobre si nossa mesma condição, e

II. Tua palvra

que luta conosco na tarefa de quebrar as algemas que nos impedem de ser livres. Jesus de Nazaré, o Filho do Deus vivo, o Filho do Homem, que assume nossos fardos e nos redime.

Quem és para mim, Senhor? Dessa resposta, extrairei o verdadeiro sentido para a minha vida.

De que faláveis pelo caminho?
(Marcos 9,33)

Falamos de tudo, Senhor. Falamos sobre o céu e a terra, o passado e o futuro. Falamos e falamos, como se o mundo necessitasse de nossas palavras e não de nossas ações. Falamos da caridade, sem olhar para a mão que nos pede ajuda. Falamos da fé, repleta de "problemas" que iam desde o catecismo até o tarô. Falamos da esperança, enquanto nos asseguramos de preservá-la a sete chaves.

Falamos sobre o mal que domina o mundo, mas não de que podemos nos tornar pessoas melhores. Falamos de tantas coisas, Senhor, menos sobre o que é fundamental: sobre agradecimento, unir esforços, cuidado com a vida, proclamar a alegria acima de qualquer queixa.

> *Meu Deus, meu Deus,*
> *por que me abandonaste?*
> (Marcos 15,34)

Tua oração na cruz é o mais trágico grito que a humanidade escutou. E seu eco se fez ecoar ao longo da história, e preencheu nossas vidas. E às vezes perguntamos a Deus o porquê desse abandono que sentimos em algumas noites frias e escuras.

Quem nunca sentiu essa desolação e solidão em algumas ocasiões? Então o grito nos salta do peito, igual ao teu grito angustiado no Calvário. Por isso coloco em meus lábios o poema de Gabriela Mistral quando contemplou corpo dilacerado:

> *Nesta tarde, Cristo*
> *do Calvário,*
> *venho rogar-te*
> *por minha carne enferma,*
> *mas, ao ver-te,*
> *meus olhos vão e vêm*
> *do teu corpo ao meu corpo*
> *com vergonha.*
> *Como explicar-te minha solidão,*
> *quando na cruz levantado e*
> *sozinho estás?*
> *Como explicar-te*
> *que não tenho amor,*
> *quando tens atravessado*
> *o coração?*
>
> *E somente peço*
> *não pedir-te nada,*
> *estar aqui, junto*

*à tua imagem morta,
ir aprendendo que
a dor é somente
a chave santa
da tua santa porta. Amém.*

*Faze-te ao largo, e lançai as
vossas redes para pescar*
(Lucas 5,4)

Senhor, tua ordem me parece audaciosa. Nem tu nem eu somos marinheiros. Mas pedes com tanta segurança, que deixarei as margens que me oferecem refúgio e entrarei na vida com mais vontade. Faz-me falta buscar o horizonte. Sei que as ondas vão me sufocar, e tu estarás dormindo apoiando tua cabeça sobre cordas. Sei que vou gritar e terei medo. Sei que muitas vezes tirarei as redes e não conseguirei sequer um peixe. Mas também sei que, em outras ocasiões, haverá pesca abundante, que terei todo o céu para mim, que as ondas embalarão minhas utopias. Mas, especialmente, sei que não estarei sozinho, porque tu estarás comigo.

> *Não são os homens de boa saúde*
> *que necessitam de médico,*
> *mas sim os enfermos.*
> (Lucas 5,31)

Tuas palavras, Senhor, são o consolo do meu coração. Viestes a mim. Tu me procuras, tu me chamas, não necessariamente quando me sinto bem e faço orações, ou quando estou em paz comigo mesmo e com os demais. Tu me chamas quando ando longe da casa materna. Quando estou perdido, tua voz se mistura aos milhares de ruídos que infestam minha vida, mas ela é inconfundível. Todas as outras vozes me chamam oferecendo coisas. Tu me chamas pelo meu nome.

*Ide dizer aos meus irmãos que se dirijam à
Galileia, pois é lá que eles me verão*
(Mateus 28,10)

Eu te busquei por tantas partes, menos na Galileia. Por isso tua ausência me dói como uma ferida, como um espinho na carne, como um sufoco. Agora sei que estás na Galileia, a região empobrecida de Israel, a que era considerada pagã, a que não tinha poder, nem dinheiro, nem templos, nem leis minuciosas. Aí, entre os marginalizados da terra, poderemos te ver.

*Este povo honra-me com os lábios, mas o
seu coração está longe de mim.*
(Marcos 7,6)

Meus lábios pronunciam orações que aprendi desde pequeno. Fazemos o sinal da cruz sobre nossos corpos, recordando tua paixão salvadora. Acendemos velas e levamos flores aos altares. Participamos de procissões e peregrinações, e nos dias da Semana Santa assistimos filmes tristes na televisão.

Até nos preocupamos em comer peixe na Sexta-feira Santa, e acreditamos que, com tudo isso, cumprimos o mandamento. Mas... e o coração? Onde está nosso coração necessitado de amor, de consolo, de paz?

Eu sou o Bom-Pastor
(João 10,14)

Senhor, tua cultura camponesa te fez pensar no pastor que guia o rebanho, que cuida dele, o defende e o alimenta levando-o a boas pastagens.

Por centenas de anos, esta figura ocupou a consciência da Igreja, que se vê a si mesma como rebanho e te olha como seu verdadeiro pastor.

Mas os tempos mudaram. Essa imagem pastoril ficou ultrapassada. Passamos de rebanho a comunidade. No rebanho, as ovelhas não pensam nem tomam decisões. Já, na comunidade, as pessoas se sentem protagonistas de sua própria história e responsáveis por seu presente e seu futuro. Na Igreja de hoje, precisamos ser mais comunidade e menos rebanho. De todos os modos, tu serás sempre o Pastor, Guia e Mestre; aquele que aponta a rota, aquele que vai primeiro. E eu te seguirei como pessoa, como amigo, como discípulo, não como ovelha.